www.tredition.de

AF185620

Susanne Venker

# Stadt auf dem Rücken

Gedichte von 1982 - 1991

www.tredition.de

© 2020 Susanne Venker

Verlag und Druck: tredition GmbH, Halenreie 40-44, 22359 Hamburg

ISBN
Paperback:    978-3-7482-7783-5
Hardcover:    978-3-7482-7784-2
e-Book:       978-3-7482-7785-9

Die auf dem Cover verwendeten Fotos stammen von Mathias Tietke, jene im Innenteil von Karin Tietke und Mathias Tietke.

# Inhaltsverzeichnis

*An den zärtlichen Gedichten*

*wollen wir uns lächelnd freuen,*

*und die Stunden, die sie schufen*

*als verloren nicht bereuen.*

Lotte Baerwald

Als ich dreizehn oder vierzehn Jahre alt war, schrieb ich bereits erste Gedichte. Vor allem meine Mutter ermunterte mich, sie an Zeitungen zu schicken.

Die „Junge Welt", eine Tageszeitung der DDR, veröffentlichte seit 1967 Gedichte junger Leute in einer Rubrik, die sich „Poetensprechstunde" nannte und von Hannes Würtz geleitet wurde.

Ich erinnere mich, dass „Gaia", einer meiner abgedruckten Texte in der Kurzbesprechung als „imperialistischer Stiefeltritt" bezeichnet wurde, was mich sehr ärgerte. Es entsprach nicht dem, was ich geschrieben hatte, aber es passte zum journalistischen Stil der oben genannten FDJ-Zeitung.

Von Hannes Würtz eingeladen, traf ich mich alle zwei Wochen mit anderen ambitionierten Jungliteraten in einem Lichtenberger Jugendclub. Dort wurden Texte vorgestellt und darüber diskutiert. Man erhielt Ratschläge zur Verbesserung und einige Leute, die daran teilnahmen, wurden später als AutorInnen bekannt.

Dann gab es noch das jährliche „Poetenseminar" in Schwerin. Ungefähr 120 Schreibende wurden nach einem spartenoffenen Wettbewerb eingeladen, um in Arbeitsgruppen mit SchriftstellerInnen und LiteraturwissenschaftlerInnen die eigenen Arbeiten zu analysieren.

In der Vorwendezeit gehörte ich einmal zu den Glücklichen, die eine elternfreie Woche in Schwerin verbrachten.

Neben der Lyrik versuchte ich mich auch an Kurzprosa und Hörspielen. Allerdings schafften es nur einige Gedichte in Anthologien und ein Kurzhörspiel wurde gesendet. Ich schickte meine Arbeiten unter anderem an Volker Braun oder Gerhard Wolf, um von diesen ein fachliches Urteil zu erfahren. Mit Christian Schlosser vom Berliner Aufbau Verlag arbeitete ich an der Zusammenstellung eines Gedichtbandes.

Leider wurde daraus nichts. Einerseits hatte ich nicht ausreichend Texte, um eine gute Auswahl treffen zu können, zum anderen verstarb unerwartet mein Lektor. Danach setzte ich die Zusammenarbeit mit dem Verlag nicht fort.

1981 zog ich nach dem Abitur, der Liebe wegen, von Berlin nach Wittenberg.

Im Zirkel „Schreibende Arbeiter", der sich im Hans-Heinrich-Franck-Club traf, fand ich Gleichgesinnte. Die Leiterin, Renate Gruber-Lieblich, ebnete mir mit einer Delegierung den Weg ans Literaturinstitut „Johannes R. Becher" Leipzig.

Dort studierte ich als Fernstudentin von 1984- 1987. Ich hatte die Hoffnung, eine bekannte

Lyrikerin zu werden, noch nicht aufgegeben.

Doch dann kam es anders.

Nach dem Studium schrieb ich immer weniger und ab 1992 gar keine Gedichte mehr. Ich schlug einen anderen beruflichen Weg ein.


1986 kehrte ich mit meinem Lebensgefährten nach Berlin zurück und studierte Sozialarbeit/Sozialpädagogik. Noch heute arbeite ich in diesem Beruf. Nebenberuflich bin ich seit einiger Zeit als pädagogische Märchenerzählerin mit verschiedenen Programmen unterwegs.

Lyrik gehört zu meiner regelmäßigen Lektüre. Ich möchte die Melodie von Versen nicht missen, auch wenn ich selbst keine mehr schreibe.

Die Recherche zu einem längst in Vergessenheit geratenen „Lyrikspektakel", das 1989 im Kulturhaus „W. Pieck" in Wittenberg unter Beteiligung von Lutz

Rathenow, Mathias Tietke und mir stattfand, brachte mir auch etliche Gedichte der 80-er Jahre in Erinnerung.

Sowohl durch politische als auch persönliche Umstände in der DDR, veröffentlichte ich keinen eigenen Lyrikband. Jetzt, dreißig Jahre nach der Wende und dem Fall der Mauer, hole ich dies nun nach.

## Dank

Meinem Mann, Mathias Tietke, danke ich für die beigesteuerten Fotos sowie für die Anregungen und die Unterstützung beim Layout.

Dessen Schwester, Karin Tietke, danke ich für ihre Fotos.

*

Ich widme dieses Buch meinem Sohn Mattis sowie meiner 2008 verstorbenen Mutter Lilo, der ich die Liebe zur Literatur verdanke.

*Susanne Venker*
Berlin, Oktober 2019

# Gedichte aus dem Jahr 1982

## Brachvogel

bin auf dem Morgen gegangen

in die Wiese

und mein Atem buhlte mit dem Nebel.

Geilte sich nicht auch das Licht empor?

Aquarelle waren die Bäume.

Rief der Vogel seine Frau.

Tag um Tag,

ein flötender brauner Punkt.

Und das Weibchen streicht den Nebel glatt,

dem Flöten zu.

Tag um Tag.

Auf dem Morgen.

In die Wiese.

## Bulgarien

in die Zöpfe,

deren lange Enden

haltlos über Arm und Rücken

fallen,

möchte ich die Finger graben,

um das Alter abzutasten.

Abgenutzt vom Waschen und

dem Flechten mit geübter Hand,

sind sie mit den Jahren

dünn geworden,

passen sich

dem Körper an.

Und ich hoffe selber

irgendwann

meiner Jahre Alter lang

zu tragen.

Störrisch wie die Strähne

einst.

## Lutherstraße 13

wir wohnen unterm Dach,

der Tauben Gurren stört mich nicht,

schlaf auch mit Spinne

vorm Fenster nachts ein.

Wie die Vandalen hausen sie,

sagen die Alten und

sehen nur die staubigen Stufen

zum Königreich im vierten Stock.

Herbstliches Zwielicht web ich zum Stoff,

spann ihn des Nachts vor die Fenster,

den gotischen zur Straße.

Pinsel statt Blumen im Glas

auf dem Tisch.

Die drei kleinen Affen missten wir nie.

Unverbarrikadiert und maskenlos

sitzen wir contra wohl manch einem Gast.

Die Watte im Ohr

habe ich mit den Fingern längst zerbröselt.

## borowo /polen

wenn der morgen den nebel der nacht besteigt,

sie einander paaren

und wie rivalen wetteifern,

lässt ihr kommen und gehen die häuser tropfen.


doch bin ich ihnen zuvor gekommen,

habe den spiegel des sees zerbrochen,

trete ans ufer,

kaum, dass ich die scherben trockne.


und nehme der nacht die hülle

auf der haut mit in den tag.

und es steigen die rivalen

zu neuem liebesspiele höher.

## Wetterbericht

Der Himmel hat,

lange schon, Besuch bekommen.

Der testet und klaut klammheimlich

die Cumulus Wolken.

Für Sorglosigkeit sei drunten

fortan gesorgt.

Das Azurne fürs Gemüt.

Auch die Textilindustrie bekäme was ab.

Der Himmel weint Rotz in Pfützen und

vergisst sich.

Den immer noch Unzufriedenen, den

auf, nicht zwischen

den Stühlen hockenden,

versprechen sie eine Reise zum Mond.

## Schwanensee

Vorbei.

Der strapazierte Vorhang löst

ein letztes Mal

die Silhouetten zweier Tänzer.

Bezaubert schreitet und tänzelt

ein duftendes Publikum

leise raunend dem Ausgang zu.

In den Logen sitzen

alternde Ballerinen,

die beim Aufflackern des Lichtes

versucht sind,

sich zu verbeugen.

## Erwachender Tag

Mit den gemurmelten, unbegrenzten,

zischend sich ausbreitenden Lauten,

deren Inhalt sich vorerst tröpfelnd,

dann sprudelnd über

die nächtlichen Ränder,

die Käuze und Waldgeister ergießt,

gleichsam die Plätze und Straßen überraschend,

kommen vorerst noch schlaftrunkene Harlekine,

die Wetter zu prüfen.

Tanzenden Schrittes erobern sie Höfe und Hinter-
höfe,

fahren in Müllkästen,

deren Klappern allmorgendlich dem Hahnenschrei
folgt.

Später sitzen sie auf den Pfosten

der schwindenden Nacht-

schallend lachend und

merklich schrumpfend.

## Seiltänzer

auf spinnenwebenfeinem Seile

nicht fern dem zehnten Stock.

Bewegt sich einer durch die Sphäre,

als sei das Gehen auf dem Boden

ihm zu heiß.

Die drunten raunen, blasen Ungeduld

und zählen hundert Mal bis zehn.

Ist dann noch immer jener ferne

Scherenschnitt,

der vom Gewölk zu kosten scheint,

so hasten sie,

sich stolpernd überschlagend.

Nun sei es an der Zeit,

sich durch die Gangart neue Welten

zu erschließen.

# Gedichte aus dem Jahr 1983

## Oktober am Elbtor

Jazzender Wind trinkt

vom Laternenlicht,

erwartet den Falken

und zerrt den Tag

aus der Tinte.

Über rot-weißen Schranken

stiehlt sich der Nebel

vom vogelschwangeren Wiesenleib,

prallt auf den D-Zug Leipzig-Berlin

und verzieht sich

in den - Ein- Strich-kein Strich- Himmel.

Ja, nun tanzt er wieder der Herbst

mit der Elbe und walzt als erstes

zur Ulla.

Die kennt ihn schon.

Hat alles hoch gestellt und ist

einkaufen gegangen

## Blick aus dem Fenster

zerrissene Wolkenfetzen

umschlingen die nackten Äste der Bäume.

Bewusstlose Flockendolden

tanzen im Wind, der,

fast unmerklich ist die Zeit

zerronnen,

eilt mit großen Schritten

aus Nord-Ost.

Antennenvölker entwachsen

den Köpfen der Häuser.

Gleich Scherenschnitten droben

die Krähen

kosten vom Gewölk


Unten auf Papierkörben hocken

die Spatzen und

warten.

Worauf ?

## Le sacre du printemps

grüne wirre Blätterkronen

blind von Tau und nass die Vögel,

sitzen schaukelnd im Geäst.

Haarlos trudeln junge Blätter

träumend auf die Erde,

diese atmet, saugt die Lungen voll.

Öfter fliegt jetzt Staub ins Auge oder Blüten.

Machen ahnungslose Mädchen schon zu Bräuten.

Altklug gurren Tauben

und der Traum flieht seinen Schläfer.

Hunde taumeln, bellen trunken.

Fischgeschwängert kriecht der Dunst aus Läden,

Katzen lungern träge, gieren nach dem Abfall.

Fliederfarben flattern Röcke,

diesen Sommer kürzer wieder.

Leichtes Schuhwerk lässt die Mädchen tänzeln

Und die Amseln erst.

Sind viele.

## empfang

in den ästen jener bäume,

die beizeiten

den genuss der lauen winde ahnen,

sitzen erste vögel,

die zwar schwarz,

doch singend

sich die gunst des frühjahrs zu

erschmeicheln wissen.

und die töne wecken in mir

leise hoffnung eines dichters,

der mit seinen worten

jenen frühling

zu empfangen weiß.

## Ich trompet'

euch keinen Marsch,

dass es die Sohlen unter'n Hintern klebt und

Flüstertüten endlich

etwas mitzureden haben.

Ich spiel euch keinen Tanz auf Brettern,

die im Rhythmus swingen und

meine Worte sind noch nicht kastrierbar

oder lesbar von zwei Seiten.

## Leningrad

schon der frühe Morgen lockt,

die ersten Käufer strömen

nach den Hallen,

deren warmer Dunst

fischgeschwängert mir entgegen schlägt.

Hinter Tischen Russen-

unverkennbar Repins Pinselstrich.

Kosten Sauerkraut und feilschen

um die Ware drängt sich Publikum.

Zwischen Tulpen schwatzen Frauen,

die fast selber Blumen sind.

Einen Besen will ich kaufen, einen

der die Straße kehrt

und auch Apfelkerne will ich spucken,

dass ein Rest am Gaumen haften bleibt.

# Gedichte aus dem Jahr 1984

## Hinter der Bühne

liegt es gewiss nicht

an der Dirne,

die auch im Café am Markt bedient,

wenn sich der Vorhang nicht hebt.

Kaum an der Grusche,

die ihr Kind nicht schlägt,

nicht am Anarchisten,

der im Foyer

Suralinschilder verhökert

oder am Pfarrer, der

feilscht mit dem Bürgermeister

um die Komtesse.

Es liegt nicht am Soldaten

und nicht am General,

weder am Anwalt

noch am Klienten,

nicht am Hausvertrauensmann,

am Chemiker, Physiker,

Fanatiker, Pragmatiker

u.

s.

f.

sie haben ihre Texte gelernt.


Es liegt leider

auch nicht

an der Saison,

am Bestuhlungsplan,

am Kartenvertrieb

am Klopapier.


Sondern immer an der Beleuchtung

und an

Dir selbst.

## Etwas über mich

ein ärmelloser Tag, der gießt mir morgens

den Kaffee viel zu bitter ein

und streut Gedanken, gleich Schnipseln

eines weggeworfenen Diktats

noch auf der Treppe aus.

So schneid' ich vom Leib die Stunden,

schneid' mich auch manchmal ins eigene Fleisch.

Wenngleich die Tauben jetzt öfter

beharrlich auf die Dringlichkeit

des Nistens verweisen,

beruhigt mich mitunter ihr Gurren

an ärmellosen Tagen wie diesen.

## Bergsteiger

Wir sind

über den Berg gekommen,

sagt man.

Panorama dem Unbeschwerten.

Wir gelten als

Überwinder.

Mancher baut drauf,

mancher dreht sich nicht

um.

Wird glücklich genannt,

geschätzt ist sein leichter

Schritt.

Bis sich die Spur verliert und

er sich wendet.

Er fühlt den Berg im Nacken

immer noch.

Der kriegt ihn

ein.

## Wittenberg

Mittagsruhe gähnt,
Gardinen flattern aus den Fenstern.
Flimmernd steht die Hitze
und das Pflaster ist zu heiß,
zum Barfußgehen.

Hastig fliehen Schritte,
hallen nach in Gassen.
Still hält Luther und die Tauben
dösen auf den Schultern.

In so manchen Baumesspitzen
fängt der Wind ein Glockenbimmeln.
Schrill durchbricht die Ruhe
dreizehn Uhr Sirenenprobe
oder manche Klingel ungenutzter Busse.

Unter Toren stehen schwatzend Frauen.

Ihre Blicke schweifen ziellos

Fenstergalerien hinauf.

Ein Tourist kommt über'n Markt gegangen.


Und ich laufe selbst auf Zehenspitzen.

Bodeneinsamkeit ist kühl.

Diffuses Licht und Staub

schwebt waagerecht im Raum.

Durch zerbrochene Fensterscheiben

schau ich auf die Türme

dieser Stadt.

## Wittenberg

### Versuch einer Beziehung


I

Über das Grasland zieht

der Falke die Schleife.

Weiden loten die Ruhe

unter den Zweigen.

Hier tanzen zweisprachige Fliegen

über das Wasser.

Wer von dort kommt

hat vom Horizont gekostet.


II

Über'n Fluss beugt

sich die Brücke, drauf

hängen die Wagen an Fäden, drunter

tackern die Herzen der Fische

          im Kuttertakt.

III

Glutäugige Katzen

streichen am Nebelsaum und

gehen für ein Stück

vom Mondbrei

singen.

Brennesseln kommen wieder

Menschen gehen wieder.


IV

die Stadt  aber bleibt

hinter den Schranken

## Erinnerung

er kommt, geht

dann und wann, wie jeder.

Redet wenig, isst  viel, spaßt

zuweilen, schläft lang ein und

aus, arbeitet eigentlich immer,

düngt den Garten,

vertreibt den Maulwurf, liebt

roten Wein, raucht

manchmal, spricht

drei Sprachen, liest vieles und

neunzehnhundertvierundachzig

was Anfang-und Mittdreißiger

über den 2. schreiben.

Da will er den Hut nehmen, gehen,

um ihnen zu sagen, sie

sollen doch bitte ihre Finger davon lassen,

sich in ihre Anzüge stellen,

die nach Moschus und Patchouli riechen,

ihre Einsichten, Weitsichten, Erkenntnisse

nach letzten Berechnungen

in Poesiealben kleben.

Sie sollen diese ausgekotzten Leben

nicht ständig wie einen Pudel

für den Laufsteg frisieren.

Doch stattdessen

kommt er nach wie vor und

geht, dann und wann, wie jeder.

Man grüßt und er antwortet,

redet noch immer wenig, spaßt

manchmal.

Nur zuweilen fühlt er den Dreck

unter den Nägeln

seiner abgeschossenen Hand.

**Komm**

an diesem satten Morgen,
der aussieht
wie Mittwoch, schmeckt,
einmal vom Zaun gebrochen,
nach Schokolade und
ist rund wie der Mund
der staunt.

**Komm**

uns hat
ein grünes Echo
verführt, das zieht
mit den Wolken und dem Tee
Gott weiß wohin...

## Komm

dieser Tag verlangt

geradezu

nach Weitsicht

und einem herrenlosen Hund.

## Komm

denn rund wie der Mond

nimmt er auch ab, geht,

der Unverstandene,

wenn nichts aus ihm wird.

## Komm

wie Regen

und

mitten hinein.

## In vino veritas

es schlägt die Nachtigall

wie verabredet.

Mit dem Herzton tackt der Wecker

sich aus.

Schwellenden Leibes staksen

Gardinenröhren langbeinig umher.

Es sind geäderte Sätze,

die in zärtlichen Küssen

nächtlicher Schwammigkeit

in gefüllten Kelchen schwimmen und

in der Schachbrettkonstellation des Tages

Elfenbeinfiguren

Beine stellen.

## Den Freunden und Lehrern

Die Freunde sind verstummt

seit ihre Pseudonyme, die mir einst lieb,

im Wein ertranken,

sich am Kilometerstein Einhundert

gleich Ameisen

im Unkraut verloren,

gläsern

mitten im Dylan-Song

zersprangen.

Heute trennt uns höhere Mathematik in jene,

die zwischen den Schenkeln der Gleichheitszeichen

zu nur einer Lösung gelangen

und andere, deren Weg

über faserige Löschblätter

zu vorerst

nicht eindeutigen Ergebnissen

führt.

## Abschied

Der Abschied ist eine Chaussee.

ein Baumspalier entlässt mich

durchs Schlüsselloch

gerade so.

Und ich schäm' mich der Angst.

Mein Abschied

und Füße stecken in Sandalen,

Jesuslatschen,

die reißen, wenn es ernst wird.

Ein Abschied im Herbst,

der einbricht,

noch ehe der Traum von

Sommersonnenruh

mich vollends betört.

Mein Abschied

fällt in tiefe Ziehbrunnen.

Den Weg des Echos leiere ich

jahrelang

mit der Winde umsonst empor.

## Aussicht

Erst ist das Haus alt.

Zu schwer wird die Birke

auf dem Dach.

Und der Wind schiebt sich

immer näher, ein hungriger Wolf.

Ist das Haus alt,

verschließt sich voll Schatten,

geht die Frau nicht mehr aus.

Holt sich der Windwolf die Birke

vom Dach.

Kraucht er der Frau unters Bett.

Doch sie gibt es ihm hart, dass er geht

unverrichteter Dinge.

Ist das Haus soweit verstummt,

zieht die Frau ihre Kreise enger und dichter,

die Arme und Beine an sich heran.

Bald summt ihr Mund,

bald schlägt sie Wurzeln,

bald treibt das erste Grün. Bald.

## Verhalten

Halt! Was für ein Rat. Ein Wort nur.

Der auf dem Sprung hält inne,

schaut rechts und links.

Der Ungehaltne stoppt bei Rot

wie es ihm beigebracht.

Der Abgehaltne aufgehalten, hat

sich auszuweisen.

Der Aufgehaltne angehalten, hört

Nachtigallen trapsend,

sich Schritte vorbehalten.

Der an sich Haltende sucht

plötzlich Haltbarkeit im Rückwärtsgang.

Der Einbehaltne festgehalten,

ist aufgeklärt, den Rand zu halten.

Allein Haltloses wandert in den Magen

unzerkaut - und liegt dort schwer.

## Planwirtschaft

gestern

wurden wir feierlich

verabschiedet.

Wir wenigen saßen

im Zug und fuhren

ans Meer.

Seither sitzen wir hier

auf den Steinen

während die Wochen

den Laden schmeißen und

sich verdient machen

ohne uns.

# Gedichte aus dem Jahr 1985

## Temperatur

in den Wanten dieses Morgens

über Gräsern und Rispen rekeln sich Straßen.

Die Stadt geht auf Rädern

oder häutet sich kriechend

immer in eine Richtung.

Hubschrauber quirlen schlecht gespannte Luft

im Rahmen des Möglichen.


## Im Blickpunkt

die Tangente berührt beider Kopf.

An mir, sagt der eine,

soll es nicht liegen.

Und so verhandeln sie

ohne zu handeln,

beschließen sie ohne zu schließen.

Das tangiert ja nur peripher.

Ja, ja.

**Vogel (Vau)**

bin nicht geknüpft

mit Perlonschnur ans Licht

bin nur ein Wind.

Treib vor dem Haus.

Fall auf die Füße und

die anderer.

Bin nicht katalogisiert,

noch tgl-i-siert,

protegiert oder vorbilddressiert.

In keinem Kundenbuch kleb ich

Marken und

verfahre eben nicht konform einem Rollentext.

## Im Kirschbaum

sitzt

ein weißer Kater,

der knabbert Kirschen und

stippt

den Tag aus dem Fell

wie erkaltete Asche.


Schwarzer Peter

entfaltet

heute mal

nächtliche zebrastreifige Rouleaus

über Flickenfeldern.


Zwischen Booten

saufen die Vögel,

wenn der Mond den See

besudelt,

Entengrütze.

Burgunderbefleckte Verse

erhängt

im Fensterkreuz, die

hagerer Liebe

in breiten Betten

Fülligkeit verleihen.


Ich pflücke den Kater

vom Bäumchen-schüttle-dich-Gerippe,

steh dann lange

in deinen Schattenmantel gehüllt.


Komm herein

wenn die ersten Straßenbahnen

kreischen,

die Lampen ertrinken

und das Echo

erstirbt.

## Mühsam

sie ist

in der Spur, hat sich

aufs warten eingerichtet.

Ist vorgerückt,

eingerückt, eingereiht,

ist ein Kettenglied.

Sie kann warten.

Teil des Ganzen, sie kann

warten, treu und redlich.

Sie ist nummeriert,

festgeklemmt,

festgelegt und belastbar.

Gut Ding braucht Weile.

Auch ein ungehobelter Klotz

wird eingespannt. Immerhin.

Sie steht unter Spannung,

ist am Ziel,

ist am Ende,

ist ein Spund.

## Rapunzellied

tritt aus dem Versteck,

es ist Zeit.

Wieg ab

dein Schönhaar

mit dem Suppenfleisch

für alle, die dich

irgendwie lieb finden.

Hänge es

als Vogelscheuche

in den Birnbaum

für alle, die dich

irgendwie schön finden.

Oder lass es

mit verwirrten nassen Enten

im Teich davon schwimmen.

Denn keiner der Toren

sprang hinterdrein.

## Begegnung im Winter

Zweiundzwanzig Uhr

in den Leninanlagen.

Sie sitzt auf einer Bank.

Beutel mit aufgeweichtem Brot

zwischen den Beinen,

Fischbrei

an den Fingern.

Als ich vorbei gehe, sagt sie:

erst haben sie die Menschen

eingeschlossen und nun

lassen sie nicht mal mehr

die Katzen zu mir.

## Entschuldigung

wir wussten ja nur

von anderen,

dass er riecht, sabbert und

rumlungert,

vor Geschäften Kunden

schreckt.

Wir wussten ja nicht

von anderen,

dass er verschüttet lag

drei Tage.

Deshalb der Stein

in der Hand.

Deshalb

grüßt der

jeden.

**„Stell dich mitten in den Regen „**

**Borchert**


in den Pfützen schwimmt

noch nicht der Mond.

Wolken sind

noch nicht vom Quarz

der Zeit getrieben.

Regen fällt

noch keine Bäume und

die Fische gehen

noch nicht an Land.


In den Pfützen schwimmt

das Öl.

Wolken sind schon desorientiert.

Regen fällt

bereits Entscheidungen

und Fische versuchen sich

als Goldfische

selbst zu verwirklichen.

## Mein Morgen

gleicht einer Katze,

die schnurrt mir den endlosen Traumstrick

entzwei und

hätte ihn gern

selbst gefressen.

Der Wecker schlägt rasselnd

Purzelbaum.

Mein Morgen

ist ein Griesgram,

ein Alter,

der mault und übersieht nicht

die halbleeren Gläser,

das Buch knickohrig.

Mein Morgen ist

eine aufdringliche Fliege

mit einseitigem Repertoire.

## Die Stadt

lag verschlossen und verwahrt, die darin geboren.

Wortkarge, in sich gemusterte Zimmerlinge gefielen

dem König auf die eine, schweigsame Art.

Es begab sich aber im Frühjahr, dass der Fluss

über die Ufer trat, alles überschwemmte

ringsherum und es versprach

ein fruchtbares Jahr in der Ebene Einzug zu halten.

Da ging dem einen der Mund über.

Er ließ seinen Gesang wandern

von dem einen Haus zum andern.

Und die seiner Einladung zum Fest folgten,

ging gleichfalls der Mund über, als sie sich

auf die eine Art zusammen sahen.

Es begab sich aber schon bald darauf,

dass der König hiervon erfuhr und ein Gebot

erließ, dass ein jeder seine Zunge hüte

den Tag herum und verbot ihnen das Gerede

von der frohen Botschaft.

So lag die Stadt erneut verschlossen und
verwahrt, die darin geboren.

Bis Josua über den Fluss setzte, die Ebene rühmte,
den Himmel pries und sich verwunderte
über das Schweigen, das über allem lag,
wie ein dummer Geruch.

Da hielt er mit den Seinen vor Ort und sprach,
als sich die Dunkelheit dem Fluss vermählte,
in die Runde: Es werde Musik!

Erst sehr leise bliesen sie auf ihren Instrumenten,
die sie mit sich führten, so, als prosteten sie
einander zu.

Und der Mond rückte näher in das Geäst eines
nahen Baumes.

Doch dann erhoben sie sich von den Sitzen,
bliesen lauter auf ihren Instrumenten,
wandten sich der verschlossenen und verwahrten
Stadt zu und schickten ihren Gesang
gegen die Mauer.

Da fielen die Steine in sich zusammen und
fortan ging ein und aus der Atem des Klanges.

**Jahrmarkt**

im Mostrich-Nietenmatsch

madige Illusionen.

Dort gehen

die Leierkastenlieder übern Platz

wie geprügelte Hunde,

fahren schwarz im Ponykarrussel und

betteln leis'

um Aufmerksamkeit.


Poetenkleider schalmeibeseelt

inmitten absoluter Discorenner,

der Bänkelsang zerschnitten und

zerhämmert

gepaart zur dissonanten

Hysterie.


Hereinspaziert!

Des Herolds Witze

werfen Schatten

den schlenkerhüftgen Mädchen

ins Gesicht, die

hin und her

wie Zeiger pendeln

und wandern bis zum

Abendbrot.


Ein Bier, ein Korn

dann fallen wieder alle Neune.

Der stärkste Mann hängt

übern Tresen und

Lukas wird gehaun

bis er das Messer zieht.


Erst als vom Kirchturm

mit Glockenstimmen Fledermäuse starten,

da pinkelt sich der Zapfhahn aus.

Die hohlen Pferde aber schaukeln

und planen schon

den nächsten Überfall.

# Gedichte aus dem Jahr 1986

## Die Vorstellung

ich stand Montagabend

gegen zehn vor dem Haus,

in dem schon lange

keiner mehr wohnt

und dort drin war es dunkel,

war das Licht aus, als ein Telefon...

wie in einem Film,

in dem es um Mord geht-

und ich dachte:

jetzt müsste einer

den Hörer abnehmen.

Und dann

nahm einer den Hörer ab

dort drin und sagte

die Zeit an:

Zweiundzwanzig Uhr vier.

## Zwergenfrage

wer hat den Knochenleim gerührt?

Wer mich gebettet, wie ich später liege?

Wer hat den Sud zwischen die Zähne gekleckert?

Mein farbloser Mund streunt nicht mehr.

Wer will mich an den Napf gewöhnen?

Sekunde um Sekunde klebt, die goldne Gans

sei schuld.

Die Melodie im Kopf erlahmt, der Leim

rinnt stetig warm ins Ohr.

Meine Uhr steht.

Mein Arm hält inne.

Mein Auge irrt sich nicht

und was ich sehe,

schweigt.

Mein Herz zick-zackt

noch.

## Zu Tisch

zu Tisch. Ich saß

nebenan.

Zu Tisch, zu Tisch. Ich blickte

hinaus.

Draußen der Abend stand still

wie im Glas zum Verkosten.

Ganz hinten im Zaun war ein

Loch.

Zu Tisch, zu Tisch.

Lampe schwang zornig und

Tür sprang auf.

Er-sie-es Sätze schoben dazwischen.

Ich hole dich zu Tisch.

Zu Tisch , zu Tisch.

Ich schrieb mein erstes Wort

an diesem Tag,

das roch nach nichts.

Zu Tisch, zu Tisch. Ich saß

nebenan.

Zu Tisch, zu Tisch. Ich hörte

Schritte.

Wer nicht anständig isst, der nicht

tüchtig ist.

Zu Tisch. Was rauf kommt

wird gegessen.

Hinter der Tür

schrittweises Verhör.

Wie anders die war.

Draußen stand inzwischen die Nacht.

Verzog mich zum Fenster, zum Fenster.

Zog mich an, den Pullover,

die Schuhe.

Fort von Tischzeit, vom Krautwort.

Eine Fliege kroch über eine Knospe,

die tat sich auf.

Ganz hinten im Zaun ist ein Loch.

## Rohkostsalat

Die Katze kommt später.
Die Lewin kommt nicht
später.
Das Abendbrot kommt
nach dem dem Mittag,
der Appetit kommt
gar nicht.
Der Abend früh genug.


Aber es ist Herbst.


Und die Katze kommt
jetzt später.
Die Lewin kommt
jetzt nicht später.
Das Abendbrot kommt
auch nicht später.
Die Lewin
schon im Mantel,
die Schwester zeitlos.

Rohkostsalat zum
Abendbrot.

Die Katze kommt
später.
Die Lewin kommt
nicht später.
Die Lewin kommt
gleich runter.
Die Lewin kommt
zehn Minuten
in die Sonne.

Die Katze kennt
den Unterschied genau und
die Lewin für zehn Minuten
den Herbst.
Dann kommt die Katze
und die Lewin geht.

**Stadt**

tosende Brandung schlägt

ins offene Fenster

meiner Sensibilität und

der Stickstoff nimmt mir den Blick,

Häuser halten den Atem an,

wachsen in die Höhe.

Regen fällt und

findet nur Ruhe

in meiner hohlen Hand.

## Situation

Strick dich

schon immer ein.

Zwei rechts , zwei links.

Strick dir

was Passendes.

Fester die Maschen, so

wird das nichts.

Wir lassen keine fallen

im Gestrick.

Zwei rechts, zwei links.

Verstrick dich nicht.

## Morgen vom Amselturm

hinter dem Fenster die Ballade

vom dünnen Kaffee und geschmierten Käseschnitten.

Hinter dem Fenster die bange Frage:

Kamm, Taschentuch, Schlüssel, Ausweis.

Hinter dem Fenster der Griff nach

Aktentasche, Busfahrschein, Kind.

Hinter dem Fenster warten, dass es schlagen wird.

Hinter dem Fenster einer,

der keinen Hund und keine Katze hat.

Hinter dem Fenster einer,

der musste eines Morgenschreis aufs Seil.

Und der Morgenschrei schreit Achtung.

Und der Morgenschrei schreit stillgestanden.

Und wir hören Achtung und stillgestanden und

haben acht und stehen still.

Hinter dem Fenster in der Hand

Kamm, Taschentuch, Schlüssel, Ausweis.

Und das Kind aus der 7. Zeile kotzt jetzt

auf die Dielen.

Verdorben, verdorben.

**Unsere Gefängnisse liegen in schönen Landschaften.**

**(M. v. Trotta)**


David

in der guten Stube

gezeugt unter vier Augen und

dem Gespann

eines faustrechtlich

zur Verstummung gebrachten Mundes.


David

in der guten Stube

nicht gewollt, sie gezüchtigt und

gewaltigt unter

vier Augen wie bereits oben erwähnt.


David

in der guten Stube

gezogen, gehalten, gehegt

staubfrei genährt, auch geliebt wohl

gewissenhaft wie es dazu gehört.

David

gefordert, gemustert, gezogen

geopfert

in der guten Stube gebettet,

gestorben unter vier Augen.

Sie gebrochen, er gezeichnet.

Getanes Werk.

## Vera

Dreck metert entlang des Bordsteins.

Dieser Winter verzieht sich noch lange nicht

und

ihr Gesicht, denke ich, sieht nicht gut aus

und

es krampft sich in der Knautschledernen faltig.

Bis zu den Knöcheln steht ihr der Dreck,

der Schnee,

der taut jetzt endlich.

Die Stadt aber

liegt auf dem Rücken, in den Schatten gefegt.

Mittwoch.

Ja, sie hat sich das leichter vorgestellt.

Klappe zu, Affe tot oder Speck weg, Made ade

und sie kann doch nichts machen.


Sie hat nur noch gedacht: das darf doch nicht wahr

sein,

jetzt ist's vorbei und klappt da ab mitten im Gang

mit den vielen Betten und sie hat sich das wirklich

leichter vorgestellt. Ohne.


Und er hat sich auch angestellt wie ein Schoßterrier

und

an den Fingernägeln gekaut und gepoltert und

sich in ihre Locken

gehängt und gezogen und alles zerrissen.


Weißgesichtige Vera, wackelt mit dem Kopf zwischen

den Schultern.

Es klimpern ihre Ohrringe, blass-rosa der Mund

im zerschrammten Gesicht verzieht sich.


Weiß ja nicht,

was es geschlagen hat und saß am Nachmittag

an fremden Tischen mit fremden Menschen, trank

schales Bier, hat sich abends ins warme Kino ge-
drängt,

ist eingeduselt, ein bisselchen nur.


Dann kommt meine Bahn und ich sehe sie noch

stehen in der fast 6. Position mit langem Hals,

kerzengerade und denke,

sie könnte die Pawlowa sein.

# Gedichte aus dem Jahr 1987

## Wohlsein

Mir ist nach dir. Ich sperr mich auf.

Die Tür hat einen Tritt im Brett.

Mir ist so wohl mit dir und

Tage steigen auf wie Stufen

in den vierten Stock eines Hauses,

das ist nicht nur

so  x so

x        x

so x  so

Klappe auf, Affe rein, Klappe zu.

Mir ist so wohl mit dir.

Ich sperr mich auf.

Die Tür hat einen Tritt im Rücken.

Wir heben uns aus den Angeln.

## Ruhig gestellt

In der Tat:
Die Ruhe hatte sie
weg von sich.
In der Ruhe aber
liegt Kraft.
Jetzt ruht sie
aus.
Das hat sie nötig.
Ruhe sanft.
Mein Kind.

**morgen mit haken**

**für e. jandl und so**


der wecker, das licht, wirbel um wirbel,

die orientierung, die klinke, der wecker,

eins drüber, das kind nebenan, das rollo,

das licht, die haut, das wasser, die haut

der kaffee, der wecker, die zeit, der eimer,

die kohlen, der dreck, das streichholz,

der kohlenanzünder, der wind, aus.

der rost, die asche, der feuerhaken,

das streichholz, der kohlenanzünder, der wind

jetzt an. die kohlen, sieben, der feuerhaken,

die klappe, die tür, die zeit, der schluck, der kaffee

bitter.


II

die zeit, der feuerhaken, die schnur, die finger,

die öse, das pendel, der rechte finger, der linke

finger, die zeigefinger, das pendel, der feuerhaken,

die schnur, zu lang, die finger, zwei schlingen, die
ohren,

das stethoskop, das pendel, der ofen, die schwin-
gung,


der ton, die glocke der turm, die glocke, der raum

die glocke, die erschütterung.

Ich.

## Das Paradies

es war schließlich nicht zu übersehen. Die

Halbwertzeit erreichte mich am Schreibtisch.

Ich begann zu zerfallen.

In der Ferne mischte sich eine große Herde

weißer Tiere in den Schlaf, die, das wusste ich,

so vergesslich waren, dass sie stets

zusammenliefen.

Aus ihren langen Hälsen krochen

Geräusche, die ich frühzeitig vernahm und ich war

der Ansicht, noch immer rechtzeitig fliehen

zu können.

Dabei zerfiel ich ohne Pause und verlor die Sinne und

hatte einen Sog am Kopf.

So stand ich, als der Wind drehte und die Herde

auf mich zutrieb.

Sie umhalsten, was sie vorfanden, sie schälten

meinen unebenen Körper glatt

wie Gebein und

es wurde mir wohl zwischen ihnen und ich war

noch einmal davongekommen.

Das ging mir geradlinig durch den Kopf,

als wir die verstreuten Fellreste verließen,

um fortan von einem Ende der Koppel zum anderen

zu streifen.

Wir schönen weißen Tiere.

## Ballschule

dreimal darfst du raten, dreimal schneller

fährt die Bahn, dreimal rasch nur dieses Blau

verfolgen und zurück:

den Kopf gespannt

die Augen groß

den Vorhang auf

das Spiel geht los.

Und das Blau, das bleibt dort unten.

Und vom Turm kann man es sicher besser sehen.

Und das blaue Kind ist nicht mehr aufzufinden.

Und der Mensch mir gegenüber kann da gar nichts.

Und der Ball , ein blaues Ding mit Punkten

Und das blaue Kind von etwa drei.

Und die Mauer, immer wieder abgesprungen, höhnt

sich fort.

Und fort ins Dreieckszimmer, fort

ins ein x eins,

fort von dieser ewigen Lauer

Und der Ball kommt ungestraft zurück.

Und der blaue Ball war einmal rot.

Und ein Fliegenpilz, ein rotes Ding mit Punkten.

Und ein echter Pilz, den man nicht  essen sollte, aß sie.

Und

vorbei.

## Bei Narva brennt noch Licht


Frankensteins Monsterlampe brennt

und brennt mit

siebenhundertfünfzig Watt und

zum achten Mal bereits

fanfarisiert sich der Zug,

werden Pferdekadaver beseitigt,

Lautsprecher von Kripageknülltem geleert,

Rollis frisch besprengt und

in die erste Reihe geschoben.

Gewaltig oben ohne Bebrüstete

noch einmal bestochen,

Ephraim Kisch Nachkömmlinge rasend schnell

in düster muffige Hausflure gejagt.

Vogelfänger auf Spatzen angesetzt.

Werden Halteseile gezogen und

SMH Posten errichtet.

Maskenbildnern vom Deutschen Theater

Jubiläumsmehl zugeteilt.

Wird die Geschichte sortiert und geordnet,

klammheimlich eingekürzt.

Platzen die Statisten aus ihrem Schlummer.

Es werde Licht und es ward Licht.

Hereinspaziert zur größten Tortenschlacht

auf dem Strausberger Platz.

Hereinspaziert zum Spektakulum mobile.

Hereinspaziert zum Grüß dir was und

750 Knastis grüßen zurück.

Der Wind aber, der Wind geht weg

wie warme Semmeln.

Doch nur am Rande

## Musterung

Gleich fall' ich

aus dem Passepartout, gleich

ist verwirrt, was noch zurecht liegt.

Gleich wird entrahmt, was als

erkannt galt, gleich kreuzen, queren,

mehren Schnitte mein Gesicht, gleich

bin ich der Josa mit der Zauberfidel.


## Reste

Mein Ort, ein Bahnhof. Hat

Mühe gemacht, die

ist im Netz und Züge

verlassen ihn doch.

Einer muss ja, muss ja bleiben.

Der macht die Durchsage,

legt sich auf die Schienen

und wieder eine Durchfahrt.

## Fasching im Altenheim

Ins Kleid gestellt und

abgeführt.

Sie kriegt den ersten Preis

und nichts mehr mit als Braut.

Der Mann ging drauf

fürs Vaterland.

Vom Vaterland ein Bett

im Heim.

Das hat sie jetzt.

Der Schleier reißt ein Stück.

Mein Gott, wer bringt den Brief?

So viele Gäste hätte sie nie

geladen.

## Die Scheuche

geht mit dem Wind um die Ecke.

Der Ecke ist das egal. Das Feld

liegt verlassen gelassen

unter der Sonne.

Jetzt können die Vögel

kommen.

Jetzt können die Vögel

was erleben.

Die Scheuche verlässt den Wind,

geht ums Feld und setzt Marken,

die keiner sammelt.

## Perpetuum Mobile

Verlassene Posten im Gerede sind

urbare Lücken nur kurze Zeit.

Ergeben Geschutzimpfte flankieren

den Ort.

Die rücken auf Zuruf

und stoppen.

Am Ende die Lücke fällt weiter

nicht auf,

sondern

weg.

## Traum Ilsebills

Beste der Besten des Monats.

Auf dem Weg der verordneten Zeit,

den Fisch, einmal gehoben,

zu bitten:

Was will sie denn?

Weil es sie anstinkt.

Makrele in Rotweinsoße und

Bills Ilses billiges Sein.

Das schlitzt und teilt und wiegt ab.

Keine Zeit für Geschichten.

Ilses blutige Hände an der Schürze.

Was darf es sein?

Ilses Hände verkaufen den Butt.

## Manche Frau

spannt sich von selbst

die Leine im Schatten der Männer und

mancher Frau geht

beim täglichen Springseilspringen

die Puste aus.

Dann hängt sie beizeiten in den Seilen.

Festgeklammert und verstrickt.

Manche Frau.

## Der Akt

Jetzt gehen sie durch den Tunnel.

Jetzt machen sie den langen Schritt, ihren

ersten schattenlosen Schritt.

Jetzt ziehen einige

die Schulterblätter zusammen.

Jetzt dreht sich keiner mehr nach uns um.

Jetzt gehen sie.

Sie sind einige heute. Vielleicht viele.

Sie sind zu zwölft. Ein Dutzend.

Sie sind im Tunnel nicht mehr

voneinander zu unterscheiden.

Sie haben sich jetzt, heute, eben

entschieden.

Sie tragen ihr Scherflein bei.

Jawohl, in dieser, unserer Zeit muss jeder.

Sie bringen sich ein in die Sache.

Sie wissen, worum es geht.

Sie erleichtern den Akt.

Sie sind zwölf von vielen

in einem Tunnel von vielen.

Sie sind sehr klein geworden da drin.

Es geht um alles.

Und alles ist Sicherheit.

Ist Sicherheit mit Zinsen.

Sicherheit für zwölf Häuser

für zwölf Klinker,

für zwölf Kacheln, Autos,

für zwölf gegenstandslose Sätze,

für zwölf Sichere.

Das ist der Akt.

Der Akt der Abtragung.

Sie haben sich abgetragen, gebündelt.

Sie wünschen sich , vermottet zu sein.

Umso vermotteter, desto besser

für den Akt.

Das ist der Akt.

Der Akt der Selbstaufgabe.

Sie haben sich lange getragen mit...

Sie haben den Ernstfall geprobt für...

Sie werden nicht versagen beim ...

Das ist der Akt.

Der Akt der Verschmelzung im magischen Eck.

Dort zerfließen sie und dienen.

Das ist der Akt.

Der einzige Akt, der es möglich macht:

einer für alle, alle für einen.

Das ist der Akt des Überlebens.

Wer will das nicht?

Das ist der Akt der Vernichtung.

Die Lebensversicherung mit Heimvorteil.

Jetzt

haben sie es wohl geschafft, denke ich.

Konturenlos schauen die zwölf zurück.

Zu uns.

Spurenlos in die Ewigkeit.

Stein auf Sein. Stein auf Sein.

## Am Morgen nach Dylan Konzert  (Treptow-Berlin)

streift ein verschreckter Monatskärtler, ein

Neunstündler fünfzehn, ein Aktentäschler und

auf dem Rückweg  Görenhuckepackler durchs Viertel.

Als ich ihn überhole, nimmt er Witterung auf,

schnobert jedenfalls und sagt:

- hastig mal hurtig hopp hopp -

Du schaffst deine Bahn Mädchen, wir alle

schaffen unsere Bahn.

Dabei hält seine Rechte die Brotbüchse,

in der, ich wette,

zwei Klappstullen mit Teewurst stecken.

# Gedichte
# aus dem Jahr
# 1988

## Die Erwählte

Als die Frau,

die ihre Hände nicht aus dem Griff,

die Füße nicht aus dem Gleichschritt bekam,

schon sehr lange

geschlafen hatte und schlief

auf ihrem täglichen Weg über die Flure-

betrat sie das verbotene Zimmer.

Zufällig stand in der Leere des Raumes

verrückt, ganz irr

in dem ungehinderten Licht,

das ihren Körper traf, das ihr den Atem

kappte für Sekunden.

Als sie erwachte,

fand sie sich von der Stelle bewegt,

ohne Deckung.

Sie hatte die Hände frei,

lief aus dem Zimmer,

den Flur entlang

zwischen den Schläfern.

## Immer zur gleichen Zeit


sitzt sie vorm Kaffeenapf.

Sie hat' s so satt und täglich braucht sie

länger, sich zu sammeln.

Diese Nacht, sagt sie, ist gnadenlos.

Sein Verlangen drischt mich entzwei.

Tags träumt sie ihn dann

sanft auf dem Rücken liegend

an ihrer schönen Brust erstickt.


Sie geht auf die Dreißig zu

wie auf auf ein festes Haus,

in dem eine rechtzeitige Anmeldung

ein ruhiges Einzelzimmer mit Küche

garantiert.


Dort wird sie dann sitzen.

Im Dämmer.

Vorm Kaffeenapf.

## Tür am Kopf

als er geht

hängt in den Angeln

ein geohrfeigter Kuss.

Und sie bleibt.

Hat jetzt auch zu tun.

Eine, die zwischen Küche und Bad

wie zwischen Fit und Spee

zu unterscheiden weiß


Als die Vögel

das Licht mit unter die Äste nehmen,

reißt sie sich zusammen und

die Tränen aus den Augen.

Verlässt sich

wie jeden Donnerstag

auf das Bier

in der Eckkneipe.

**Tian**

**( zu: „Kein Ort .Nirgends „ v. Christa Wolf)**

Sie wollte nur rasch etwas Luft

schöpfen.

Aus dem Ganzen gehen?

Wollte sie.

Abgerissen vom Weg.


Sie wollte nur rasch etwas Luft

und riss sich

vom Faden.

Dabei drückte sie den Wind

entgegen seiner Richtung

mit beiden Händen und

enormer Kraft

entlang der Hüften

flach.

Sie fiel und

fiel.

## Martha

hat nun ihren Kopfschmerz und möchte

den Kopf gegen die Wand rammen.

Und sie hat zwei Beine,

auf denen steht sie

die Schicht durch

ihre Frau.


Nun hat sie ihren Kopfschmerz und

sie hat auch zwei Kinder,

die immer mit dem Kopf durch die Wand

wollen und sie hat zwei Hände,

die schaffen, was sie schaffen, ganz schön

was an.


Doch nun hat sie ihren Kopfschmerz und

sie steht ihre Frau mit beiden Beinen

mitten im Leben, mit beiden Händen

an der Maschine, mit zwei Kindern

allein.

Doch hat sie nur zwei Beine,

auf denen sie stehen kann und

zwei Hände,die sich festhalten

sollen, können,müssen

weiter im Leben

als Frau.


Und der Kopfschmerz...

wenn das so weiter geht, so weiter, so...

bis dass der Tod sie scheidet und die Kinder

mit dem Kopf immer durch die Wand wollen und

sie steht und weiß, es zieht ihr

die Beine weg.


Die Maschine schreit, bis dass

der Tod sie scheidet und

eine andere kommt,

die sich an ihren Platz stellt.

## Exil

und abends , wenn ich allein sein will,

bin ich allein, nur anders,  als ich denke.

Und ich lege das Kostüm nicht ab,

bevor ich zwischen den anderen Statisten

meinen Platz finde.

Wir sind müde und unsere Kinder

sind herein gekommen.

Die Luft hier macht hungrig auf Brot.

Und seit Monaten schon sitzen wir

an der gleichen Szene  wie an einer Tafel,

die nicht aufgehoben wird.

Stumm sind unsere Auftritte, doch

sie werden gut honoriert.

Nur darum drehen sich die seltenen Gespräche

zweier in den Pausen.

Und abends, wenn ich allein sein will,

bin ich allein, nur anders als ich denke.

Und die Rolle, die mich nichts angeht, die

nichts mit mir zu tun hat,

die Rolle, die ich abgebe von Montag bis

Freitag, ist in Ordnung wird mir gesagt

und wie auf den Leib geschnitten.

Aus mir wird noch was werden,

wenn ich so weiter mache.

Und abends, wenn ich allein sein will,

bin ich allein, nur anders als ich denke.

Und die Stadt, in die Dunkelheit gefegt,

die hier auch anders liegt, als ich denke.

Kein einheitlich gewebtes Tuch

bis zum Horizont.

Und diesen Himmel treffend zu beschreiben,

fände sich nur einer,

Arno Schmidt, vielleicht.

Das denke ich in meinem Zimmer.

Wie unter einem Fern- oder Heimweh

fülle ich den Stift und schreibe

meine Rolle um.

# Gedichte
# aus dem Jahr
# 1989

## Begegnung

seit der Seeigel bei ihr ist,

trennt sie sich nach und nach

von ihren leisen Worten,

die sich in der Wohnung

wie in einem Brutkasten

mehren.

Ihre Verteilung schien anfangs

wahllos, doch inzwischen findet sie

ausschließlich zu unseren Füßen

statt.

Immer mehr entzieht sich der Boden

und seitdem wir das festgestellt haben,

müssen wir uns bewegen.

So oder so.

## Situation

es war einmal

mein rechter, rechter Platz ist leer
ich wünsche mir...
der ist nicht mehr.
Mein linker, linker Platz ist leer
ich wünsche mir...
du fehlst mir sehr.
Oh Fallada, der du gangest.

## Nasen

morgens verschränkt sich

Luftzug im Haar.

Ich grabe Höhlen in Taschen,

treibe Gymnastik im Wind,

blase Daunen

aus den Ohren, drehe

Nasen

auf dem Zebrastreifen.


Häuser putzen sich,

Bettbezüge flattern

schwanger.

Wichtige Mienen schleppen

Kartoffeln und

Kinder quarren gestresst

Albträume

in Antwortkästen beim

Kinderarzt.

Schwarze Koffer drängen

zur Kaffeeverkostung

in anonyme Treppenhäuser.

Der Mond verblasst

entrüstet stolz.

Die Sonne lässt sich

von Wolken verspeisen.

Da ich geh ich mit Dohlen

mal übers Feld.

## Am Anfang

war der Kasper.

Nur so und nicht anders wird

eine Suppe draus.

Ich, du, er sie Suppenkasper

saßen an einem Tisch.

Ich, du, er sie Suppenkasper

besaßen einen Geschmack.

Wo sind wir Suppenkasper

geblieben?

Der Tisch ist leer und

was das Schlimmste ist:

die Terrine auch.

Und nur ein Daumen.

Wir Suppenkasper, ihr Suppenkasper

sie suppenkaspern herum

um den Brei, um die Suppe,

kein klares Wort,

kein klarer Zungenschlag.

Kein Nichts, kein gar Nichts.

Nur Suppe im Daumen.

Kasper, der Anfang war die Rührung wert.

Kasper, die Suppe im Haus spart dich ein.

Wo sind wir Kasper hingekommen.

Sag bloß:

Achte kommen durch die ganze Welt.

Seit wann?

Seit ich Beikoch, (und Esel nenn mich zuerst)

Du Diätkoch, er/sie/es Küchengesellen,

wir Kaltmamsells, ihr Abschmecker,

sie Abwaschkräfte.

Du meine Güte


Am Anfang war die Suppe.

# Gedichte aus dem Jahr 1990

## Der Wanderer

als er die Stadt erreichte, zog gerade

ein frischer Himmel aus Reispapier auf

und Lautsprecher übertrugen

Vogelstimmen.

Leute saßen vor Häusern sprachlos,

wickelten Wolle und kein Wind

ging durch ihr Haar.

Je länger er verweilte,

desto schwerer drückte das Gepäck.

Und als er sich entfernte,

traf er auf die Beine des einen und die Füße

eines anderen ,

die das Gleiche im Sinn gehabt hatten.

## Penthesilea

ist inzwischen tipp-topp

auf der Höhe.

Aufgeräumt vom Scheitel bis zur Sohle

und sie hat sich den Schädel rasiert,

geht mit der Zeit,

sagt sie und geht

in Schwarz.

Und sie meint, dass man

unheimlich gut drauf sein kann.

Und sie meint, dass man wissen muss,

was man sich schuldig ist

als Frau und sie brüstet sich auf.

Manchmal wird Penthesilea

älter vielleicht.

Vom Scheitel bis zur Sohle.

Dann lässt sie an ihre Haut

nur Wasser und CD.

Gewusst wie.

Sie sagt, dass sie mit der Zeit geht,

dass sie ganz Frau sein will.

Dass sie ein Kind will, jetzt gleich

mit dem Herrn Achill und sie gehen zur

Sache, jetzt gleich und zu Bett.

Gewusst wie und sie will abnehmen,

weil sie sonst keiner abnimmt.

Und sie sagt, dass Kinder ganz schön

heimtückisch sein können,

dass sie ausfällt, wenn das Kind

sie reinlegt mit Fieber.

Und sie fühlt sich übergangen

ent-emanzipiert sozusagen.

Und sie sagt,

dass sie kein Fenster abdichten kann

als Frau und sie will was Besonderes machen

für den Kerl von gegenüber,

für den Versicherungsfritzen,

für diesen unheimlich männlichen Typ.

Und sie schickt sich an,

sie schickt das Kind ins Bett.

Sie ist immer noch gut drauf,

weiß, dass sie mit der Zeit geht,

weiß, was sie sich schuldig ist,

weiß, was sie wert ist und

wieviel.

Ist ganz Frau.

Penthesilea sagt zum Spiegel:

Weiber sind zum Kotzen.


Und dann läuft die Gute mit Naht

am schwarzen Strumpf

über den Flur und

verknickst sich den Knöchel

beim Ding-Dong

Ding -Dong.

## Dinner for two

er liebt sie tausendfach und

mehr.

Sie liebt ihn hundert Jahr

gewiss.

Sie sagt es fünfzehn Mal am Tag.

Er sitzt gern aufm Klo und

raucht.

Das hat was.

Sie kann in ihren Schuhen

nicht laufen.

Das hat auch was.

Seine Anrufe sind entzückend

besorgt.

Ihre Diktion ist aufregend und

gammlig.

Er hat was vom Karnickelbock

sie was vom Kaninchen.

Was soll man dazu sagen?

Sie sagt ihm die Zeit an.

Es ist soweit.

Er hat sie. Zum Wohl.

Sie hat ihn schon lange. Zum Wohl.

Der Countdown läuft.

Mein einzig Erwähltes, du

mein Hauptgericht.

Er hat sie satt.

Sie hat ihn satt.

Ihre Mäntel verlassen getrennt

das Lokal.

## Was ist das?

von mir verlassen, nur einfach noch
ohne die Fasern, die sich verwirren
mit meinen wichtigsten Stücken.
Heute Morgen, fortan, nicht belegbar
wie ein Platz oder eine Stimme,
die aus dem Gesicht spricht und
sich abgibt an einer Urne vielleicht
ohne mich.
Von mir verlassen, nur einfach noch
bin ich der Tag, bin ich die Nacht.
Ein Atemzug, ein Atemstoß.
Das Loch im Raum, ich füll es aus.
Von mir verlassen, nur einfach noch.
Ein Rückzug ohne Gefecht.
Eine Möglichkeit,
sich von mir verlassenen
auf mich verlassen
zu können.
Das ist das.

## Morgen

aus der Stille heben die Fische die Leiber und

die Schwestern den Körper über den Geliebten.

Treten Katzen gesträubten Nackenhaares,

zerraufter Geschmeidigkeit

aus Fluren und tragen klagend

an ihren Schatten.

Es bricht der Apfel vom Ast

wie der Traum vom Schläfer,

aus der Erde der Samen, über den die Zeit steigt

und sich schuppt.

Allmählich quillt Blässe bleifarben

über die Hutschnur,

scheitelt, viertelt, achtelt und

richtet sich ein

auf diesem Tablett.

Nolensvolens.

Der Tag tritt aus der Dunkelkammer,

die Vorstellung beginnt.

# Gedichte aus dem Jahr 1991

**Der Vorhang öffnet sich**

**das Spiel beginnt.**


Ein flotter Wind zwo-drei-vier

treibt Schlagzeuger von

Hornisten chauffiert

über Katzenköppe,

trocknet alizarinkrappgelackte

Nägel und Lippen

eilender Harfenistinnen,

stimmt schwarz-weiß bebrillte Pianisten ab,

schleppt die Partitur aufs Pult und

pfeift im Teekessel

zur Ouvertüre.

Das Horn der Frühe weckt

die müden Streiter.

Sinfonia terra incognita

vor geladenen Spatzen.

Im Rang der Chor besingt

die böhmisch grüne Erde.

Dort in der Ebene

zwischen Himbeeren und Kirschen.

**auf**

**forderung**

zur wort

meldung

jetzt stören,

die störten

nicht ruhe

noch reißen

die ordnung

entzwei.

beifall.

jetzt der cafe caramel,

später die carte blanche

fällig war längst die zäsur.

zerrissen

die im abriss

noch immer

zwischen argwohn

und

applaus.

## Nebenwirkung

die Sanierung

der Nebenstraße

neben der Straße und

des Nebenhauses neben dem Haus

und der Nebenwohnung neben der Wohnung

und der Nebenfrau neben der Frau

durch Umquartierung ist

nebenbei unbemerkt

daneben gegangen.

Über unter Umständen

auftretende Nebenerscheinungen

erteilen Nebenstellen

Angehörigen

Auskunft und verweisen

achselzuckend

auf die Sanierung

des Nebeneinanders

neben dem Plan.

## Sein und Design

manchmal stellt man ihr so Fragen,

die ganz harmlos klingen.

Was aus ihr geworden ist, was

sie wollte, wie

es weitergeht und wohin.


Schon aber greifen die Masken

gefügig ineinander

und voila:

ein tadelloses Blatt,

das ihr passen könnte

wie das Spiel.

Au revoir tristess.


Und ihr Gesicht lächelt.

Und ihre Stirn glättet sich.

Auch die Fläche des Spieltisches

ist glatt und sie ist

aufgefordert.

## In der Küche

an einem frühen Morgen

schickt sie

den gewohnten Blick

zum Spiegel.

Doch auch dieser kehrt

nicht zurück.

Da macht sie sich

auf den Weg

in den

Hintergrund.

## Weder Fisch noch Fleisch

Der Fisch dort
ist auf unserem eigenen Mist
gewachsen.
Nun treibt er
stromlinienförmig
und sonnt sich
den Bauch.
Der Fisch dort
wurde eines Tages
aus dem Trüben
gefischt.
Er stinkt.
Gib ihn der Katze.

## Rückblick

Durchs Geflüster hindurch

wie durch eine Nacht. Ich

komme, komme nur zögernd.

Auf mich war Verlass.

Meine Kleider trugen mich verschnürt.

Oben heraus ragte der Kopf

mit dem Lächeln im Gesicht.

Die Lippen mit Honig versiegelt.

Nun komme ich, komme zu mir,

kehre zurück.

Mit keinem Zittern

in den Winkeln meines Mundes

ist zu rechnen.

Schamlose rufen sie, als ich

durchschwitzt bin

und man durchschaut mich.

Unverschämte schreien sie

und treten mir zu nahe.

Da lass ich sie einen Blick

in die Tiefe meines Magens

werfen.

Auf all das geschluckte Zeug,

das sich so schlecht verdaut.

## aufgebäumt

baumlang, baumstark

gevierteilt, abtransportiert

gestern.

sie standen spalier und

es ging ihnen flott von der hand.

baumlang, baumstark

fixpunkt, treffpunkt.

dem haben sie die füße

vom boden gekloppt und

der boden hat sich betreten

ergeben.

baumlang, baumstark,

gevierteilt, abtransportiert

in offenen lastern

gestern.

nun sind die eulen verflogen.

wind streicht ungehindert

über gleichgroß

und gleichgrün.

Fotos von Karin Tietke auf den Seiten 48, 102, 141 und 142

Am allerliebsten fotografiere ich in der Natur. Bei-
spielsweise entlang der Elbe und bevorzugt im Um-
feld meiner Heimatstadt Wittenberg oder auf Reisen,
beispielsweise im Elbsandsteingebirge. Ich finde es
faszinierend, wo überall Bäume wachsen und welche
Formen sie annehmen im Wechsel der Jahreszeiten.
Die Aufnahmen entstehen in der Regel intuitiv. Ich
schaue, was mir auf- und gefällt und halte es mit
meiner Sony Digitalkamera fest.

*Karin Tietke*

Fotos von Mathias Tietke auf den Seiten 10, 20, 28, 64, 80, 112, 120, 130, 143 und 144

Ich fotografiere seit vier Jahrzehnten. Der Anlass war im Grunde immer der Gleiche: Reisen in andere Städte, andere Länder, fremde Kulturen. Inzwischen bedauere ich, dass ich das persönliche Umfeld und die Veränderungen in der eigenen Stadt nur selten festgehalten habe.

Die für diesen Gedichtband ausgewählten Fotos sind in Bad Alexandersbad sowie in Abano und Padua entstanden. Fotografiert habe ich mit der Digitalkamera Lumix DMC -FZ200, zu der ein Leica-Objektiv gehört.

*Mathias Tietke*

Zeitfracht Medien GmbH
Ferdinand-Jühlke-Straße 7
99095 Erfurt, Deutschland
produktsicherheit@kolibri360.de